Decodable Reader

Written by Nathan Aguilera
Illustrated by Samantha Johnson

Phonics Skill
Short e

get	Red	Hen	Ben
pen	Ken	Len	

Get Red Hen, Ben.
Red Hen can go in the pen.

Red Hen ran from Ben.
Red Hen hid here.

Red Hen did not get in the pen.

Get Red Hen, Ken.
Red Hen can go in the pen.

Red Hen ran from Ken.
Red Hen hid here.

Red Hen did not get in the pen.

Len got Red Hen!